BEI GRIN MACHT SICH IHR
WISSEN BEZAHLT

- Wir veröffentlichen Ihre Hausarbeit,
  Bachelor- und Masterarbeit

- Ihr eigenes eBook und Buch -
  weltweit in allen wichtigen Shops

- Verdienen Sie an jedem Verkauf

Jetzt bei www.GRIN.com hochladen
und kostenlos publizieren

Bibliografische Information der Deutschen Nationalbibliothek:

Die Deutsche Bibliothek verzeichnet diese Publikation in der Deutschen National-bibliografie; detaillierte bibliografische Daten sind im Internet über http://dnb.d-nb.de/ abrufbar.

Impressum:

Copyright © 2019 GRIN Verlag
Druck und Bindung: Books on Demand GmbH, Norderstedt Germany
ISBN: 9783668936843

Dieses Buch bei GRIN:

https://www.grin.com/document/465020

Anonym

Freiheit im Leviathan - ein Widerspruch?

GRIN Verlag

GRIN - Your knowledge has value

Der GRIN Verlag publiziert seit 1998 wissenschaftliche Arbeiten von Studenten, Hochschullehrern und anderen Akademikern als eBook und gedrucktes Buch. Die Verlagswebsite www.grin.com ist die ideale Plattform zur Veröffentlichung von Hausarbeiten, Abschlussarbeiten, wissenschaftlichen Aufsätzen, Dissertationen und Fachbüchern.

Proseminararbeit im Teilbereich
Politische Theorie

Freiheit im Leviathan- ein Widerspruch?

Inhaltsverzeichnis

1 Einleitung - Freiheit

Recherchiert man im Deutschen Universalwörterbuch, so stößt man auf die folgende, politische Freiheitsdefinition: „Zustand, in dem jmd. von bestimmten persönlichen od. gesellschaftlichen, als Zwang od. Last empfundenen Bindungen od. Verpflichtungen frei ist u. sich in seinen Entscheidungen o.Ä. nicht [mehr] eingeschränkt fühlt"[1].

Jedoch ist Hobbes Begriffsbestimmung weit weniger vom modernen Ideal entfernt, als man annehmen könnte. Er leitet das Kapitel 21 des Leviathan (1651) folgendermaßen ein: „Freiheit bedeutet (eigentlich) das Fehlen von Widerstand (mit Widerstand meine ich äußere Hindernisse der Bewegung) […] Und nach dieser eigentlichen und allgemein anerkannten Bedeutung des Wortes ist ein freier Mensch, wer nicht daran gehindert wird, Dinge nach seinem Willen zu tun, zu denen er aufgrund seiner Kraft und seines Verstandes fähig ist."[2]

Tatsächlich ist anzunehmen, dass Hobbes Ansichten die moderne Auffassung von Freiheit maßgeblich beeinflusst hat. Er konzentriert sich in seiner Definition auf politische Freiheit, die in starker Abhängigkeit zur Abwesenheit äußerer Hindernisse steht. Inwieweit Hobbes Menschenbild und Ansichten zum Naturzustand und Staat seine Freiheitsdefinition beeinflusst haben und ob man hier tatsächlich von Freiheit sprechen kann, wird im Folgenden näher ausgeführt.

---

[1] Drosdowski, Günther, Matthias Wermke, Werner Scholze-Stubenrecht, und Werner Scholze Stubenrecht, Hrsg. *Duden: deutsches Universalwörterbuch ; auf der Grundlage der neuen amtlichen Rechtschreibregeln*. 3., neu Bearb. und erw. Aufl. Mannheim: Dudenverl, 1996. S.535

[2] Schwarz, M., Breier, K.-H., Nitschke, P., 2017. Grundbegriffe der Politik: 33 zentrale Politikbegriffe zum Einstieg, 2., aktualisierte und erweiterte Auflage. ed, Studienkurs Politikwissenschaft. Nomos, Baden-Baden. S. 33

2 Hobbes Menschenbild

Den Menschen sieht Hobbes als ein Lebewesen, welches von Natur aus egoistisch, demnach ,böse' sein könnte.[3] Um sich selbst zu erhalten, strebt er emsig nach allem, dass zu seinem Vorteil sein könnte und das ihn materiell bereichert. Aus diesem Grund herrscht „[eine] im Naturzustand jederzeit mögliche Anwendung von Gewalt."[4] Obwohl Hobbes davon ausgeht, der Mensch sei ein vernunftbegabtes Wesen, impliziert diese Annahme jedoch keine Moralbegabtheit des Individuums. Im ungeordneten Naturzustand ist allein die Handlung stringent, die einen persönlichen Nutzen für den jeweiligen Menschen nach sich zieht.

Aufgrund dieser Annahmen entwickelte Hobbes die These „Homo homini lupus, der Mensch ist dem Menschen Wolf"[5], denn „Den Tieren hat die Natur Waffen gegeben, einigen Zähne, anderen Hörner; dem Menschen aber seine Hände, um damit seinem Feinde weh tun zu können"[6]. Wegen eben dieser Parole gilt Hobbes noch bis heute als Misanthrop, vereinzelte Kritiker beschreiben ihn jedoch als Realist. Er war überzeugt, dass der Naturzustand beherrscht würde vom menschlichen Trieb zur Selbsterhaltung mit allen Mitteln und Machtgier und das sich der Einzelne stets mit Furcht vor Unterdrückung und Mord umgeben müsse. Er sieht einzig eine Staatsordnung als Element, welches diesen Zustand aufheben und zum Besseren regeln könne, an. Sie stelle die, für das Zusammenleben so dringend benötigten Regeln bereit und kontrolliere deren Einhaltung mithilfe seiner Macht, denn der

---

[3] https://www.thomas-hobbes.de/deutsch/menschenbild.html
[4] Schwarz, M., Breier, K.-H., Nitschke, P., 2017. Grundbegriffe der Politik: 33 zentrale Politikbegriffe zum Einstieg, 2., aktualisierte und erweiterte Auflage. ed, Studienkurs Politikwissenschaft. Nomos, Baden-Baden. S. 41
[5] Fokken, Ulrike. *Quer denken und gewinnen Neue Management-Perspektiven für Führungskräfte*, 2004. http://nbn-resolving.de/urn:nbn:de:101:1-2015101315672. (abgerufen am 05.03.2019)
[6] Hobbes, Thomas, J. P. Mayer, und Malte Dießelhorst. *Leviathan: erster und zweiter Teil*. Nachdr. Reclams Universal-Bibliothek 8348. Stuttgart: Reclam, 2012. S.118

Naturzustand sei nichts weiter als eine ständige „Unsicherheit aus der Tatsache einer im Naturzustand jederzeit möglichen Anwendung von Gewalt."[7]

Die Idee einer Freiheitsbeschränkung im politischen Sinne zum Wohle des Einzelnen war geboren.

3 Der Naturzustand

Um die Freiheit im Leviathan eingehend untersuchen zu können, muss sich zunächst mit Hobbes theoretischem Konstrukt des sogenannten Naturzustandes auseinandergesetzt werden. Der Zustand eines jeden Individuums lässt sich als ‚vollkommene Freiheit' beschreiben. Es handelt sich um den Zustand außerhalb der bürgerlichen Gesellschaft.[8] Hier findet sich keinerlei Staatsgewalt, somit ist der Mensch seinem Trieb auf Selbsterhaltung überlassen. Im Leviathan bezeichnet Hobbes jenen Zustand als *„einsam, armselig, ekelhaft, tierisch und kurz"*[9], also als einen Zustand der Anarchie. Hierfür eine Erklärung zu finden, ist simpel: da im Naturzustand ein jeder auf die persönliche Bereicherung und die Erhaltung seiner Selbst abzielt, kommt es zum Kampf jeder gegen jeden, also gewissermaßen zum Krieg. Jedoch meint man hier keinen fortwährenden Kriegszustand, der permanente Kampfhandlungen einschließt. Der Kern des Krieges besteht „in der bekannten Bereitschaft dazu [zu den Kampfhandlungen] während der ganzen Zeit, in der man sich des Gegenteils nicht sicher sein kann."[10]

Eine Erklärung, weshalb die Menschen in einen solchen Kriegszustand geraten, lässt sich stets mit dem Trieb zur Selbsterhaltung entschuldigen, der ihrer Natur

---

[7] Schwarz, M., Breier, K.-H., Nitschke, P., 2017. Grundbegriffe der Politik: 33 zentrale Politikbegriffe zum Einstieg, 2., aktualisierte und erweiterte Auflage. ed, Studienkurs Politikwissenschaft. Nomos, Baden-Baden. S. 41

[8] http://www.philosophie.uni-koeln.de/sites/philo-sem/Personen/Huettemann/Naturgesetzt_und_Staasvertrag_bei_Hobbes.pdf, S.29

[9] Thomas Hobbes: *Leviathan*, hrsg. Von Ingrid Fetscher. Frankfurt, Kap. 13

[10] Zitiert nach Thomas Hobbes: *Leviathan*, hrsg. Von Ingrid Fetscher. Frankfurt, S.96

entspricht. Doch interessiert sich Hobbes in seinen Ausführungen über das Leben im Naturzustand für jene Wesen, die er mit dem Attribut „vernunftbegabt" und „gut" beschreibt. Er sagt: „Denn wenn es auch weniger böse als gute Menschen gibt, so kann man doch die Guten von den Bösen nicht unterscheiden, und deshalb müssen auch die Guten und Bescheidenen fortwährend Mißtrauen hegen, sich vorsehen und anderen zuvorkommen."[11]

Daraus resultiert die Annahme, dass Hobbes durchaus davon ausging, dass sich Menschen im Naturzustand vernünftig verhalten würden. Folglich geraten gerade vernunftbegabte Menschen in den Kriegszustand, denn die Bereitschaft zum Kampf sei „die vernünftigste Maßnahme, um sich selbst zu erhalten."[12] Hobbes nimmt aber an, dass jene Vernünftige ebenfalls wünschen, den Kriegszustand zu verlassen. Es sei Gebot der Vernunft, wenn möglich, Frieden zu suchen und sich andernfalls weitest möglich zu verteidigen.[13] Hobbes bezeichnete dies als das erste „natürliche Gesetz", welches auch gleich das zweite herbeiführt: „Jedermann soll freiwillig, wenn andere ebenfalls dazu bereit sind, auf sein Recht auf alles verzichten, soweit er dies um des Friedens und der Selbsterhaltung willen für notwendig hält, und er soll sich mit soviel Freiheit gegenüber anderen zufrieden geben, wie er anderen gegen sich selbst einräumen würde."[14] Den von Hobbes angesprochenen Zustand gegenseitigen Einverständnisses, bezeichnet man als Vertrag. Stimmt man also ein, das Recht sich selbst zu beherrschen, an ein Souverän abzugeben, kann man den Naturzustand verlassen. Wer einwilligt, stimmt einem Staatsvertrag, oder auch Gesellschaftsvertrag zu und verzichtet freiwillig auf das naturgegebene Recht, sich selbst gegenüber anderen zu schützen.

---

[11] Thomas Hobbes, *Vom Menschen, Vom Bürger,* hrsg. Von Günther Gawlick, Hamburg 1994, S.68/69
[12] http://www.philosophie.uni-koeln.de/sites/philo-sem/Personen/Huettemann/Naturgesetzt_und_Staasvertrag_bei_Hobbes.pdf S. 30
[13] http://www.philosophie.uni-koeln.de/sites/philo-sem/Personen/Huettemann/Naturgesetzt_und_Staasvertrag_bei_Hobbes.pdf S. 31
[14] Thomas Hobbes: *Leviathan,* hrsg. Von Ingrid Fetscher. Frankfurt, S.100

4 Freiheit im Staat

In der vorliegenden Arbeit wird untersucht, ob und inwieweit der einzelne Bürger im Leviathan Freiheit hat. Damit das geschehen kann, ist zunächst der Übertritt des Menschen aus dem Naturzustand hin zur Übertragung politischer Macht auf ein Staatssouverän zu untersuchen. Hobbes Theorie des Staates wird in der Literatur in drei Schritten beschrieben: Naturzustand – Vertragsschluss – staatlicher Zustand.

4.1 Der Gesellschaftsvertrag

Eine Erklärung, weshalb die Menschen, die vernunftbegabt sind, aus dem Naturzustand ausbrechen wollen, beschreibt Hobbes folgendermaßen: der Grund „[…] lag in dem Verlangen, sich selbst zu erhalten und ein bequemeres Leben zu führen; oder mit anderen Worten, aus dem Zustande des Krieges aller gegen alle gerettet zu werden"[15].

Damit Frieden nach Hobbes entstehen kann, ist nach seiner Ansicht die Gründung eines Staates erforderlich. Dieser wird begründet durch einen Gesellschaftsvertrag, dessen Ziel es ist, die gesellschaftliche Ordnung zu garantieren und aufrechtzuerhalten, indem alle Menschen einen Teil ihrer Freiheit, sowie das Recht, sich selbst zu regieren, auf eine zentrale Autorität, den „Staat" übertragen, der ein Gewaltenmonopol innehat, der Souverän. Im Austausch dafür erhalten die Menschen Frieden und Ordnung. Der „Staat ist eine Person, deren Handlung eine große Menge Menschenkraft der gegenseitigen Verträge eines jeden mit einem jeden als ihre eigenen ansehen, auf dass diese nach ihrem Gutdünken die Macht aller zum Frieden und zur gemeinschaftlichen Verteidigung anwenden"[16]. Zusammengefasst bedeutet das, dass einer einzelnen Person das Gewaltenmonopol innewohnt und diese auch über die Art, wie sie ihre Staatsmacht ausübt, selbst verfügen kann.

---

[15] Vgl. Hobbes 1980, S.113
[16] Thomas Hobbes: *Leviathan*, hrsg. Von Ingrid Fetscher. Frankfurt, Kap. 17

Hobbes Theorien sind also stark auf das Ideal eines absolutistischen Herrschers ausgelegt, da dieser den inneren Frieden besser behaupten könne, als beispielsweise ein Parlament, dass durch seine Vielzahl von Stimmen niemals eine vollständige Einigkeit erreichen könnte. Durch die kollektive Übertragung der Macht auf ein Monopol, wobei man hier dann vom „Leviathan" spricht, entsteht eine Form der Gewalt, die stark genug ist, die Naturgesetze zu garantieren, aber auch gleichzeitig den Frieden zu sichern. Indem der Mensch sein Recht abgibt, sich selbst zu beherrschen, geht er einen Vertrag ein, der sowohl Gesellschaftsvertrag, als auch Staatsvertrag in einem ist, also zwei Rechtsakte miteinander kombiniert.[17]

Nach Hobbes sind jene ein Assoziazionsvertrag *(pactum societatis)*, also die Übereinkunft der Menschen, in einer Gesellschaft zu leben, und andererseits ein Unterwerfungsvertrag *(pactum subjektionis)*, der festlegt, dass die sich die Individuen, die sich in einer Gemeinschaft befinden, einem Souverän unterordnen. Indem sie zustimmen, verzichtet jede Person somit auf ihre Naturrechte, um sich einem Souverän zu unterwerfen, mit der Bedingung, dass jeder dasselbe wie er tut.

Den dadurch entstandenen, autoritären und absolutistischen Machtstaat bezeichnet Hobbes als „künstliche Person"[18], dem eine gottähnliche Macht auf Erden zuteil wird. Da dieser aber keinesfalls zweifellos halten kann, da die Menschen im Falle des Krieges wieder zum Naturzustand zurückkehren können, spricht man hier vom „sterblichen Gott": "So entsteht der große Leviathan, der sterbliche Gott, dem wir unter dem ewigen Gott allein Frieden und Schutz zu verdanken haben. Dieses von allen und jedem übertragene Recht bringt eine so große Macht hervor, dass durch sie die Gemüter aller zum Frieden unter sich geneigt gemacht und zur Verbindung gegen ausländische Feinde leicht bewogen werden."[19]

Der Staat ist demnach eine künstliche Schöpfung der Menschen, dem sie sich bewusst und willentlich unterwerfen. Nachdem der Vertrag abgeschlossen wurde,

---

[17] Kersting, Wolfgang, und Thomas Hobbes, Hrsg. *Thomas Hobbes, Leviathan oder Stoff, Form und Gewalt eines kirchlichen und bürgerlichen Staates.* Klassiker auslegen. Berlin: Akad.-Verl, 1996, S.214
[18] Thomas Hobbes: *Leviathan*, hrsg. Von Ingrid Fetscher. Frankfurt, Kap. 10
[19] Thomas Hobbes: *Leviathan*, hrsg. Von Ingrid Fetscher. Frankfurt, Kap. 17

gelten die Menschen somit als Untertanen im Leviathan. Hobbes schreibt dazu: „Von dieser Einsetzung eines Staates werden alle Rechte und Befugnisse dessen oder derer abgeleitet, denen die höchste Gewalt durch die Übereinstimmung des versammelten Volkes übertragen worden ist (...) Da von den Vertragsschließenden das Recht, ihre Person zu verkörpern, demjenigen, den sie zum Souverän ernennen, nur durch einen untereinander (...) abgeschlossenen Vertrag übertragen haben, kann seitens des Souveräns der Vertrag nicht gebrochen werden"[20].

4.2   Der Souverän

Kernstück des Staates stellt vor allem sein Machtmonopol dar. Seine Macht ist unumschränkt, unteilbar und unveräußerlich. Er ist das ausführende Organ des politischen Willens seiner Untertanen, ihr Vertreter und auch Repräsentant. „Deshalb gehört es zu den Rechten des Inhabers der souveränen Gewalt, Richter über alle Meinungen und Lehren zu sein oder alle für diese Dinge zuständigen Richter zu bestellen, da dies für den Frieden notwendig ist (...) Diese Regeln des Eigentums oder des *meum* und *tuum* sowie dessen, was in den Handlungen der Untertanen *gut, böse, gesetzlich* und *ungesetzlich* ist, sind die bürgerlichen Gesetze, das heißt die besonderen Gesetze eines jeden bürgerlichen Staates"[21]. Die Menschen befinden sich also somit in einem „bürgerlichen Zustand", bei dem der Souverän aufgrund des geschlossenen Gesellschaftsvertrages einige Rechte erhält. Der Urvertrag, der unter den Menschen selbst geschlossen wurde, ist unkündbar, da jede Auflösung eine Rückkehr zum Naturzustand bedeuten würde. Aus diesem Grund gilt hiermit der bürgerliche Zustand als unabsetzbar.

Ebenfalls zentral ist, dass alle Entscheidungen des Souveräns unanfechtbar sind, da die Untertanen freiwillig ihr Machtpotential an eine Obrigkeit übergaben, die für sie innere und äußere Sicherheit garantiert. Wichtig ist hierbei die Freiwilligkeit, durch

---

[20] Thomas Hobbes: *Leviathan*, Kap. 18
[21] Thomas Hobbes: *Leviathan*, Kap. 18

die jene Übertragung erfolgt ist, da die Menschen damit auch ihr bedingungsloses Einverständnis für alle Maßnahmen seitens des Souveräns gegeben haben. Damit haben sie ebenfalls ihr Recht auf Rebellion und Widerstand aufgegeben. Durch den Charakter des Vertrags hat der Mensch somit prinzipiell die Möglichkeit, seine Macht, die er dem Souverän „geliehen" hat, zurückzufordern, aufgegeben. Gerechtfertigt ist Widerstand hier nur, wenn sich eine Person vor dem Tod schützen muss.[22]

Dieses Notwehrrecht ist dann auch legitim, da es sich hier um das natürliche Recht auf Selbsterhaltung handelt.

Des Weiteren ist der Souverän in keiner Art und Weise verfassungsrechtlich beschränkt, da sich die Urversammlung selbst als Souverän eingesetzt haben müsste, was zur Zeit des Vertragsschlusses jedoch nicht möglich war, da sie als juristische Person derzeit noch nicht existierte. Dem Souverän wohnt eine absolute Macht inne. Es steht somit auch über den von ihm festgesetzten Rechten, muss sich jedoch vor Gott verantworten. Ebenfalls existiert aber auch eine Bindung an den Zweck des Vertragsschlusses. Das heißt, dass die Untertanen dem Souverän ihre Anerkennung entziehen können, sollten sie es als zu schwach einschätzen, ihre Interessen zu vertreten und vor allem den Vertragszweck zu garantieren.

Ebenfalls ist festgelegt, dass eine Gewaltenteilung des Souveräns widersinnig wäre, da im Streitfall zweier Instanzen kein Staatsapparat vorhanden wäre, der eine verbindliche Entscheidung durchsetzen könnte.

Aufgrund des absoluten Machtmonopols kommen dem Souverän politische Hoheitsrechte zugute. Das heißt, dass der Souverän allein Gesetze beschließt, ihre Ausführung überwacht, eine Polizei und Wehrmacht zur Wahrung innerer und äußerer Sicherheit unterhält und befähigt, sich selbst als obersten Richter einsetzt, die Macht hat, über Krieg und Frieden zu entscheiden und den Untertanen Besitz und Eigentum zuweist.[23] „So entsteht der große Leviathan oder, wenn man lieber will,

---

[22] https://www.thomas-hobbes.de/deutsch/leviathan.html
[23] https://www.thomas-hobbes.de/deutsch/leviathan.html

der sterbliche Gott dem wir unter dem ewigen Gott allein Frieden und Schutz zu verdanken haben. Dieses von allen und jedem übertragene Recht bringt eine so große Macht und Gewalt hervor, daß durch sie die Gemüter aller zum Frieden unter sich gern geneigt gemacht, und zur Verbindung gegen auswärtige Feinde leicht bewogen werden."[24]

4.3   Die Untertanen im Leviathan- repräsentative Freiheit?

Der absolutistische Staat hat die Macht, die Menschen, deren Unterwerfung er sein Eigen nennt, zur gegenseitigen Kooperation zu zwingen, wenn nötig auch mit Gewalt. Der Staat stützt sich auf die Bereitschaft der Individuen, sich gesellschaftlich einzugliedern, weshalb er in der Lage ist, Normverstöße, die das Fortbestehen des Staates und dessen Autorität gefährden, zu ahnden. Mit dem Abschluss des Gesellschaftsvertrages kommt es zur Übereinkunft, bei der sich jeder "als Autor alles dessen bekennt und dabei den eigenen Willen und das eigene Urteil seinem Willen und Urteil unterwirft"[25].

Dabei wird deutlich, dass Hobbes den Vertrag zwar einerseits als Ursprung von Verpflichtung, andererseits aber auch von Freiheit gleichermaßen sieht.[26] „Die Freiheit eines Untertanen ist daher auf die Dinge beschränkt, die das Souverän bei der Regelung ihrer Handlungen frei gestellt hat: so zum Beispiel die Freiheit des Kaufs und Verkaufs oder anderer gegenseitiger Verträge, der Wahl der eigenen Wohnung, der eigenen Ernährung, des eigenen Berufs, der Kindererziehung (...) und dergleichen"[27]. In Kapitel einundzwanzig des *Leviathan* geht Hobbes dann zunehmend auf die Frage ein, welche „Freiheit" die Untertanen im Leviathan haben. Dabei ist auffallend, dass seine Ansichten hierbei stark mit den Charakteristika des

---

[24] Thomas Hobbes: *Leviathan*, Kap. 17
[25] Thomas Hobbes: *Leviathan*, 1966, Kap. 17, S.134
[26] Thomas Hobbes: *Leviathan*, 1966, Kap. 21, S.168
[27] Thomas Hobbes: *Leviathan*, 1966, Kap. 17, S.165

Staates und den von den Menschen geschlossenen Staatsvertrag verwoben sind. Das beweist die Textstelle „Ebenso handelt derjenige frei, welcher, um nicht ins Gefängnis gesetzt zu werden, seine Schuld bezahlt, weil es nur bei ihm stand, ob er bezahlen wollte oder nicht."[28]

Man kann also davon ausgehen, dass Freiheit unter dem Staat stark an seine Gesetze gebunden ist. Viel wichtiger ist für den Untertan jedoch das, was der Souverän nicht zu regeln vermag. Über diesen Bereich kann der Bürger im selbst verfügen, solange seine Handlungen nicht gegen die Grenzen des Staates gehen. Diesen Zustand nennt Hobbes die „bürgerliche Freiheit": „Wie aber Menschen, des Friedens und der Selbsterhaltung wegen, einen künstlichen Menschen (den Staat) gemacht haben, so haben sie auch künstliche Bande (bürgerliche Gesetze) erfunden, welche sie durch gegenseitige Verträge, einerseits aber an ihre Ohren befestigt haben. […] Die künstlichen Bande sind das, wordurch die bürgerliche Freiheit eingeschränkt wird; denn da die Gesetze unmöglich auf alle und jede Handlung ausgedehnt werden können, so schreibt man dem Bürger eine Freiheit nur in Hinsicht derjenigen Handlungen zu, über welche die Gesetze nichts bestimmen."[29] Das heißt wiederum, dass es jedem Bürger somit freisteht, die Lücke der Gesetzgebung nach bestem Wissen und Willen zu füllen. Eine Unstimmigkeit ist jedoch im Bereich der Wahrung der Sicherheit des Staates aufgetaucht. Hobbes Ansicht dazu lautet: „Und nun erinnere man sich, daß Friede und Schutz der allgemeine Endzweck bei der Errichtung eines Staats ist."[30] Aber was ist, wenn der Staat in den Kriegszustand mit einem anderen Staat gerät? In Hobbes Ausführungen betont er, dass ein jeder Bürger, der dazu in der Lage wäre, den Staat zu verteidigen, verpflichtet ist, sich an Kriegshandlungen, egal in welchem Umfang, zu beteiligen, da sonst die Errichtung des Staates hinfällig sei, da es seinen Bürgern an Willen und Mut zur Erhaltung

---

[28] Thomas Hobbes: *Leviathan*, 1966, Kap. 21, S.167
[29] Thomas Hobbes: *Leviathan*, 1966, Kap. 21, S.168
[30] Thomas Hobbes: *Leviathan*, 1966, Kap. 21, S.171

dessen gefehlt hätte.[31] Doch widerspricht diese Aussage nicht dem natürlichsten aller Gesetze? Denn schließlich riskiert der Bürger hier die eigene Selbsterhaltung zum Wohle des Staates, der ihnen doch eigentlich die Sicherheit bieten sollte den er ihnen im Austausch gegen ihr Recht, sich selbst zu regieren versprochen hatte. Man kann also sagen, dass der Staat die Freiheit, sowohl von Moral, als auch in Bezug auf die Entscheidung über das eigene Leben, außer Kraft setzen kann. Mit Moral ist gemeint, dass auch Menschen, denen das Töten anderer, egal ob Feind oder Freund zuwider ist, zu Kriegshandlungen gezwungen werden können, falls der Staat bedroht wird. Eine Freiheit von Moral ist somit im Kriegszustand nicht gewährleistet. Doch der Staat umgeht mit dem Einzug der Untertanen, um sie in den Krieg zu schicken, seine Pflicht, das Leben seiner Bürger zu schützen. Der Souverän akzeptiert jedoch in dem Fall, dass einer seiner Untergebenen einer Kriegsgefangenschaft zum Opfer fällt, dass sich dieser dem Sieger des Krieges unterwirft und somit als gegnerischer Untertan hervorgeht, falls dies sein Leben schützt.[32] Doch lässt sich aufgrund des möglichen Zwanges zu Kriegshandlungen gegen andere Staaten unter der Möglichkeit, dabei zum Opfer zu werden, keinesfalls von einer repräsentativen Freiheit sprechen, da jene Handlungen den Urtrieb des Menschen zur Selbsterhaltung   entgegensteht.

Möglich ist es jedoch auch, dass sich der Untertan, aufgrund der Tatsache, dass sein Leben in Gefahr ist, der Schlacht entziehen kann, indem er Fahnenflucht begeht. Dieses Fernbleiben kann er mit der Ausübung seines individuellen Rechts begründen, dass er trotz Staatsgründung und Machtübertragung selbst innehat, worauf sich jedoch andererseits auch das Aufsetzen eines Staates und Gesellschaftsvertrags gründete. Aufgrund des damit noch immer wirksamen Rechtsverhältnisses zwischen Souverän und Bürger ist der Staat damit berechtigt, den Fahnenflüchtigen zu bestrafen, auch wenn sich dieser als Einzelperson nichts zu Schulden kommen ließ, da er entgegen dem Staatsvertrag nicht für dessen Sicherung

---

[31] Thomas Hobbes: *Leviathan*, 1966, Kap. 21, S.172
[32] Thomas Hobbes: *Leviathan*, 1966, Kap. 21, S.173

und Frieden eingestanden ist. Er hat somit als Bürger den Vertrag mit dem Souverän nicht erfüllt.

Allerdings widerspricht das in gewisser Weise Hobbes Freiheitsdefinition, da es sich hier einerseits um äußere Hindernisse handelt und andererseits dem Menschen der Wille, etwas zu tun oder zu unterlassen, entzogen wird. Demnach lässt sich sagen, dass Repräsentation und Freiheit ambivalente Begriffe sind, da ein Mensch zwar an eine Person oder Institution übertragen kann, der Empfänger dessen jedoch nicht repräsentativ frei handeln kann.

4.4   Gesetz und Freiheit

Neben der Frage nach Repräsentativität muss ebenfalls untersucht werden, welchen Charakter die Freiheit in Bezug auf die Gesetze nach Hobbes hat. Jene Gesetze werden zunächst im Folgenden definiert.

4.4.1   Definition natürliches Gesetz

Zunächst einmal gilt es, das Naturrecht vom Naturgesetz zu unterscheiden. Das Hauptunterscheidungsmerkmal ist, dass das Recht die Freiheit beinhaltet, etwas zu tun. Das Gesetz ist jedoch verbindlich, weshalb der Mensch gezwungen ist, etwas zu tun. Der Mensch hat also von Natur aus die Freiheit, zu tun, was ihm beliebt. Diese Freiheit bezeichnet man als Naturrecht, denn es ist „die Freiheit, nach welcher ein jeder zur Erhaltung seiner selbst seine Kräfte beliebig gebrauchen und folglich alles, was dazu etwas beizutragen scheint, tun kann".[33] Solange also der Naturzustand vorherrscht, gilt für alle das Naturrecht. Jedoch ist diese Annahme trügerisch, da das im Naturzustand geltende Recht aller auf Alles unweigerlich Krieg zur Folge hat. Dementsprechend schränken sich die Menschen gegenseitig ein, sind also in

---

[33] Thomas Hobbes: *Leviathan*, 1966, Kap. 14, S.118

Abwesenheit von staatlicher Ordnung nicht frei. In anderen Worten: „Wenn aber alle unendlich viel Freiheit besitzen, sinkt die Freiheit eines jeden auf Null."[34]

Naturgesetze stammen im Gegensatz zum Naturrecht aus der Vernunft der Menschen, auch wenn ihnen noch keine praktische Gültigkeit gewiss ist. Hobbes geht zwar davon aus, der Mensch sei vernunftbegabt, aber er erkennt auch die Triebhaftigkeit des menschlichen Wesens an. Sollte die Vernunft also jene Handlung vorschlagen, der Trieb des Menschen jedoch im Gegensatz dazu stehen, wird diese Handlung wieder verworfen. Die Gesetze der Vernunft können also nur gültig werden, wenn es eine Staatsgewalt gibt, die die Einhaltung der Rechtsverordnungen überwacht. Im Leviathan formuliert Hobbes zwei wesentliche Naturgesetze: Also ist folgendes eine Vorschrift oder allgemeine Regel der Vernunft: suche Friede, solange nur Hoffnung darauf besteht; verschwindet diese, so schaffe dir von allen Seiten Hilfe und nutze sie; dies steht dir frei. Der erste Teil dieser Regel enthält das erste natürliche Gesetz: suche Friede und jage ihm nach; der zweite den Inbegriff des Naturrechts: jeder ist befugt, sich durch Mittel und Wege aller Art selbst zu verteidigen. Aus diesem ersten natürlichen Gesetz ergibt sich das zweite: sobald seine Ruhe und Selbsterhaltung gesichert ist, muß auch jeder von seinem Recht auf alles - vorausgesetzt, daß andere auch dazu bereit sind - abgehen und mit der Freiheit zufrieden sein, die er den übrigen eingeräumt wissen will."[35]

Zusammengefasst muss jeder einsehen, dass es am vernünftigsten ist, den Krieg aller gegen alle zu beenden und nach Frieden zu streben, da im Kriegszustand eine konstante Gefährdung des eigenen Lebens vorherrscht. Das wiederum hat zur Folge, dass ein jeder auf sein Naturrecht verzichten muss, um es an eine Obrigkeit abzugeben. Das geschieht jedoch nur, wenn wirklich jeder auf sein Naturrecht verzichtet. Damit erhält der Souverän gleichzeitig die Garantie, sein *ius in omnia*, also sein Recht, das er von Natur aus besitzt, als einziger ungehindert durchsetzen zu können. Somit verbleibt er als Einziger im Naturzustand, jedoch nur unter der

---

[34] http://horvath.members.1012.at/hobbes.htm
[35] Thomas Hobbes: *Leviathan*, 1966, Kap. 14, S.119

Prämisse, seinen Untertanen damit kein Unrecht anzutun.[36] Das zweite Naturgesetz lässt sich gut mit einem weit verbreiteten Sprichwort zusammenfassen: „Was du nicht willst, was man dir tu, das füg auch keinem Anderen zu."

Im Kern ist es also von höchster Wichtigkeit, dass die Menschen von ihrem Naturrecht absehen, indem sie es an ein Souverän übertragen. Noch wichtiger ist aber, dass sie dies aus freien Stücken tun. Im Ausgleich dazu treten die Naturgesetze in Kraft, um die Triebhaftigkeit der Menschen in die Gleichung aufzunehmen, denn nur wenn die Menschen auf ihr Naturrecht verzichten, im Ausgleich jedoch die Prämisse der Naturgesetze und der bürgerlichen, vernünftigen Gesetze akzeptieren, kann der Kriegszustand überwunden werden.

4.4.2 Definition bürgerliches Gesetz

Die bürgerlichen Gesetze gehen aus dem Staatsvertrag hervor. Durch das Einverständnis aller, die Macht eines jeden Einzelnen auf ein Machtmonopol zu übertragen, hat dieser Souverän die Aufgabe, Frieden und Sicherheit der Menschen zu gewährleisten. Der Staat gibt seinen Untertanen Gesetze vor, die vorgeben, was Recht und was Unrecht ist.[37] Hobbes ist jedoch klar, dass Gesetze nicht auf jede denkbare Situation problemlos anwendbar sind. Er spricht sich für eine historische Auslegung aus, damit das Gewaltmonopol des Souveräns nicht in Gefahr gerät: „Der untergeordnete Richter hat sein Augenmerk auf die Gründe zu lenken, die seinen Souverän zum Erlaß eben dieses Gesetzes bewegte, damit sein Urteilsspruch ihnen entspreche".[38] Somit soll der Souverän die Anwendbarkeit und Gültigkeit auf die jeweilige Situation prüfen, um kein ungerechtes Urteil zu sprechen.

Hobbes erkennt an, dass das natürliche Gesetz im Staat ebenso von Belang ist, wie die bürgerlichen Gesetze, denn „[...] was nicht dem Gesetz der Natur widerspricht,

---

[36] Thomas Hobbes: *Leviathan*, 1966, Kap. 18, S.139
[37] Thomas Hobbes: *Leviathan*, 1966, Kap. 26, S.203
[38] Thomas Hobbes: *Leviathan*, 1966, Kap. 26, S.207

kann im Namen des Inhabers der souveränen Gewalt zum Gesetz gemacht werden".[39]

Letztendlich heißt das also, dass das natürliche Gesetz die Grenze des bürgerlichen Gesetzes ist. Falls es zu einem Widerspruch beider Gesetze kommen würde, obläge die Prüfung auf Gültigkeit und Anwendbarkeit, sowie der endgültige Urteilsspruch dem Souverän.

4.5   Freiheit- abhängig vom Souverän?

Grundsätzlich lässt sich feststellen, dass ein Mensch, der sich im Naturzustand befindet, uneingeschränkt, also absolut frei ist. Er orientiert sich hierbei an seinen Trieben und nutzt sein Potential zur Vernunft nicht. Erst mit der Staatsgründung und den damit einhergehenden Gesetzen, ist der Mensch in der Lage, ein vernunftorientiertes Leben zu führen. Nach Abschluss des Vertrages genießt er eine bürgerliche Freiheit, die sich durch die Abwesenheit von Gesetzen in den jeweiligen Bereichen auszeichnet, über die der Untertan also nach eigenen Vorstellungen verfügen kann. Man kann also nicht gänzlich behaupten, der Mensch wäre frei, jedoch ist er es ebenso wenig nicht. Hobbes vertritt die Auffassung, dass nur Freiheit, die friedensgefährdend ist oder vom Souverän dafür gehalten wird, durch Gesetze beschränkt ist. In Bezug auf den Leviathan ist die Freiheit kein Widerspruch in sich.

Im Falle von Gesetzeslücken sind die Untertanen jedoch stark vom Wohlwollen des Souveräns abhängig. Somit besteht die Gefahr der Tyrannei, die sich aus der fehlenden Gewaltenteilung ergibt, was wiederum die Gefahr von Willkür in sich trägt. Aus Perspektive des modernen Rechtsstaats wie wir ihn haben, ist die Abhängigkeit vom Souverän nicht tragbar.

---

[39] Thomas Hobbes: *Leviathan*, 1966, Kap. 26, S.220

5 Literaturverzeichnis

- Drosdowski, Günther, Matthias Wermke, Werner Scholze-Stubenrecht, und Werner Scholze- Stubenrecht, Hrsg. *Duden: deutsches Universalwörterbuch ; auf der Grundlage der neuen amtlichen Rechtschreibregeln.* 3., neu Bearb. und erw. Aufl. Mannheim: Dudenverl, 1996.
- Fokken, Ulrike. *Quer denken und gewinnen Neue Management-Perspektiven für Führungskräfte*, 2004.
- Hobbes, Thomas, J. P. Mayer, und Malte Dießelhorst. *Leviathan: erster und zweiter Teil.* Nachdr. Reclams Universal-Bibliothek 8348. Stuttgart: Reclam, 2012.
- Kersting, Wolfgang, und Thomas Hobbes, Hrsg. *Thomas Hobbes, Leviathan oder Stoff, Form und Gewalt eines kirchlichen und bürgerlichen Staates.* Klassiker auslegen. Berlin: Akad.-Verl, 1996.
- Schwarz, Martin, Karl-Heinz Breier, und Peter Nitschke. *Grundbegriffe der Politik: 33 zentrale Politikbegriffe zum Einstieg.* 2., aktualisierte und erweiterte Auflage. Studienkurs Politikwissenschaft. Baden-Baden: Nomos, 2017.

- https://www.uni-erfurt.de/fileadmin/user-docs/PT_Thumfart/10._Thomas_Hobbes.pdf (abgerufen am 13.03.2019)
- https://www.jura.uni-muenchen.de/pub-dokumente/201301/20130109180422.pdf (abgerufen am 13.03.2019)
- http://www.rwi.uzh.ch/elt-lst-mahlmann/rechtstheorie/hobbes/de/html/unit_u4.html (abgerufen am 13.03.2019)
- http://horvath.members.1012.at/hobbes.htm (abgerufen am 13.03.2019)
- http://www.welcker-online.de/Texte/Hobbes/Leviathan.pdf (abgerufen am 13.03.2019)

- http://www.philosophie.uni-koeln.de/sites/philo-sem/Personen/Huettemann/Naturgesetzt_und_Staasvertrag_bei_Hobbes.pdf (abgerufen am 13.03.2019)
- https://www.thomas-hobbes.de/deutsch/menschenbild.html (abgerufen am 13.03.2019)